白　凌著

文史哲詩叢

白凌詩集

文史哲出版社印行

國家圖書館出版品預行編目資料

白凌詩集 / 白凌著. -- 初版. – 臺北市：文史哲，民94

面： 公分. --（文史哲詩叢；65）

ISBN 957-549-610-8 (平裝)

851.486　　　　94012571

文史哲詩叢 65

白凌詩集

著　者：白　凌

出版者：文史哲出版社

http://www.lapen.com.tw

登記證字號：行政院新聞局版臺業字五三三七號

發行人：彭正雄

發行所：文史哲出版社

印刷者：文史哲出版社

臺北市羅斯福路一段七十二巷四號

郵政劃撥帳號：一六一八〇一七五

電話886-2-23511028・傳真886-2-23965656

實價新臺幣一八〇元

中華民國九十四年（2005）七月初版

ISBN 957-549-610-8

作者與詩人羅青、蕭蕭合照

作者於創世紀詩刊成立四十周年慶致詞

作者於林燿德蒞菲講演會上致詞

「詩田言論選集」發行會上與台北詩人作家團合照
後排左起：吳潛誠、羅門、林水福、王幼嘉、葉來城、許悔之、施清澤、林燿德、蔡景龍、張燦昭
前排左起：施柳鶯、施碧玲、李惠秀、施穎洲夫人、邵建寅、鮑事天、施穎洲、鄭明娳、林樹燦、曾幼珠、王錦華

一杯濁酒喜相逢

作者參加在台北圓山大飯店舉行之「世界華文作家協會」第一屆大會之掠影。由右至左爲詩人梅新、許世旭、鄭愁予、白凌。

白凌詩集 目次

【序之二】

船便忍不住，搖動整條河流

白靈

一個人距離母國文化太近，有幸、有不幸。血源之差異性若很大，那麼於「駐在地」即使待得再久，與當地文化融合的可能性仍然不大，此時母國的文化之滲透力就非常「恐怖」，同樣一篇來自母國的文章或詩詞，其造成的遐想和衝撞之巨常非其母國人所能得知。

除非透過血源的不斷混合，否則輪廓和膚色仍然決定了其心理那無法被「在地文化」彩繪的底層。這種現象在菲、馬、越、星的華裔地區尤為明顯。這也是半世紀以來，東南亞的華裔中文現代詩人為何會與臺灣詩人以及其後與大陸詩人不斷「互動」的原因。

白凌作為菲律賓土生土長的重要華裔詩人，當然也不例外。如何與母國的龐大悠久的傳統「接軌」，汲取文化的乳汁以成就一個迴異於當地華人的知識份子，是其「幸」之開端；但又如何試圖擺脫被來自母國的文明全然吞噬、以便保有「在地國」特殊的異國特色，是華裔現代詩人必須不斷自我抵抗的終身課題，這也是他們「不幸」的起點。除非能「欲迎又拒」。

欲「迎」又「拒」的這種「距離的保持」，其實對所有中文詩人而言都是無時無刻不在發生、也得不斷面對的人生課業：對傳統文化的欲迎又拒、對情與欲的欲迎又拒、對名與利的欲迎又拒、對歲月和回憶的欲迎又拒、對都市科技文明的欲迎又拒、對後現代現象的欲迎又拒、乃至對日常語言、現實生活素材的欲迎又拒……。凡此，必須一再抵抗、抵擋、甚至阻斷的種種對物質和精神的反擊，正是詩人可以成長、轉進、和躍昇的可能方式。

「說」當然容易，「做」起來自然困難重重。白淩的〈如浪〉一詩可以讓我們由另一觀點看出「人」的此種「盲點」之普遍性，此詩首段說：

牽妳小手　上船
船便忍不住
搖動整條河流

此三句真是精彩極了，詩中的「妳」當然是情人，牽著情人小手上船，心中雀躍、甜蜜，搭船的感覺自然不同，但「船」不會「忍不住」，是「心忍不住」想搖動河流；然而只有河流可搖動船，船再大都不可能「搖動整條河流」，白淩偏偏就大膽地這樣寫了，而且也只有這樣寫，才能讓讀者感受到作者受到的「波動」有多大……連船都受其「心之波」所動、連河流都受「船之波」所動。以是「心之動」是這一切的起點，甚至讀者都可以想見這條河流也像有種氣勢要「搖動他整個人生」似的。

可見得人「初迎新生事物」（包括情欲、思想）時的震撼有多人，因此詩中的「你」其實也可換作「母國文化」、「名」、「欲」……等等會「令心忍不住」的其他對象物。

今夜　只要妳移動腳步
星　便會忍不住起舞（〈遲來的舞步〉）

當然此「令心忍不住」之震撼範圍和時間，都未必能拓延一生，何況諸多「新生事物」在人之一生當中豈不是不停地「出生」？然而屬於精神層次、能深入搖撼靈魂底層的畢竟不多，以白凌此種牽個小手就要「搖動整條河流」之超敏銳的詩人特質，母國文化的影響顯然是要「搖動他整個一生」的。

也因此，白凌在他的詩中便時時透露他對母國文化的孺慕之情、彷徨揣測、和課子教導時面對的困頓。比如〈異鄉人〉中說「兩種鄉音使我心跳成疾」；〈除夕〉

一詩說大人「猛啃著雙重國籍／牽掛著兩種鄉愁」，但「只有無知的小孩／聒噪著壓歲錢／追問著兩個新年」；〈看中菲籃賽〉一詩則說嗜好籃球的大兒子為菲律濱隊加油，自己則為中國隊加油，菲隊進三分球，他嘆息、兒子卻歡呼鼓掌，「父子倆一起看球／竟看出兩種心情」，文化的根之可去和不可去於此可見。白凌其實深明其理，因此戒慎恐懼，唯恐時間走得太快，自己會追不上，然而又知子孫必然「在地化」的結果，只是自己內心對母國文明深深的不捨，一如許多老華僑所作的「叫賣著兩種口味／兩種喜愛／兩種鄉愁」，卻又抵擋不住未來即將發生的：

> 看時間把兩種文化攪和
> 看夢在這裡生根（〈王彬街景〉）

這種「搖動」其實是致命性的「搖撼」，令人疲倦的「堅持」使他有無可如何的感嘆：「看歸帆把整個海的疲累栓住碼頭」，對他而言此碼頭已不存在，所以在〈異鄉人〉一詩中他才會說「我心深處是海不靜息的波浪」、「兩種鄉音使我心跳成疾，成為一種心跳不止的絕疾」，「絕疾」是無可醫治的、且成了永世的凌遲。此種背負成了絕疾之凌遲，對非其身分和處境的人而言是很難想像的。

一九九八年五月印尼發生暴徒攻擊事件，燒殺擄掠、　狀震驚世界，中國大陸政府卻默不作聲，白凌感同身受寫了〈蚯蚓〉一詩抒憤並自喻：「來自龍的故土／離家已忘年代／在時間的泥濘中打　／唯一的尊嚴是／埋首於黑暗的蠕動／受之父母的體膚／放任宰割／吞忍是造化的惡作劇／一把鋒利的刀刃／切割日子」，末句是近乎哀嚎的：

蚯蚓　你的別名是華僑

此詩是白凌對母國文化在表達其傾慕、徬徨、揣測等「迎」的動作多年之後，開始了「拒」的、怨嘆的、甚至痛恨的指責。「泥濘中打滾」、「埋首於黑暗的蠕動」、「放任宰割」、「切割日子」等詞都是自身和其他華僑東南亞共同運命的指涉，字字都是血淚的滴答，以「蚯蚓」命名之，是出自衷心的哀悼和自殤。

因此再回頭讀「牽妳小手／上船／船便忍不住／搖動整條河流」等句，當可知詩中的「妳」既是情人、也是母國文明、是始作俑者、和自己心之所繫、也是白凌無可救藥的「盲點」所在，搖動了他整整的一生。但也因這樣的「盲點」，才有可能造就白凌此至情至性的詩人。此「盲點」成了他面「壁」所在，無法消解，只能以詩句去滲透和穿越：

不管是睜眼
或閉眼
都不能打發
站著不去的牆壁（〈囚〉）

自「囚」不可能永久，終有想逃脫或逃亡的一天，於是「酒」和「海」成了白凌自救、參禪的路徑和道場，此二意象在他的詩中不斷出現，且一為二、二為一，呈露了詩人的無奈和無力感，比如：

有一種人
用醉清洗從前

有一種人
用酒擦亮黑夜（〈酒家〉）

淺酌也罷
狂飲也罷

酒意是免不了的
醉了
是星子的事（〈月蝕〉）

看夕暉意猶未盡
夜色忽然靠岸
裊裊酒香
散成縷縷酒香
火在胸中
夢在山外（〈碧瑤行〉）

靜坐看海
海浪講話的聲音很大
喋喋不休
突然
嘩啦一聲
口水直噴過來（〈看海〉之一）

搖蕩於肚裡的船
已因海枯而擱淺
製造一個海
飲酒是必然的過程（〈製造一個海〉）

上舉數例可看出酒與海對一個自認「異鄉人」的華裔詩人的脫解作用、以及他們內心的苦和恨，那幾乎是無解的死結，除了死亡，已至精神困境的極地，舉凡「用醉清洗從前」、「用酒擦亮黑夜」、「火在胸中／夢在山外」、「口水直噴過來」等等說的都是困境的情狀。過去可以搖蕩河流、海和人生的「船」竟已至「海枯而擱淺」，於是「製造一個海／飲酒是必然的過程」，將酒等同於海，看似消極行為，但就如同將詩等同於人生一樣，是人生自我解嘲和解脫的不得已的生活形式。

白凌的另一首詩〈卡拉ＯＫ〉最能說明這種苦不堪言的心聲：

桌上擺的空杯子
是怨婦的望遠鏡

時間總在太陽掉落於海
煮成黃湯後

酒是漢子的海
波浪興起時
杯子便容納潮汐

當滑喉的酒精
正在起火
酒釀的歌聲　沙啞地
洩漏梗喉的心事

此詩文字乾淨俐落，意象簡潔清晰，是白凌寫的最好的詩之一。前四句說的是場景（喝酒的地方）和時間（黃昏之後），「望遠鏡」中無處可望，「煮成黃湯後」的時間再無剩餘價值，「杯子」容納潮汐是痴人說夢，因此酒成了迷醉之海，其目的無非要借酒澆愁，讓「梗喉的心事」可以無所保留地洩漏而已。但洩漏之後又如何？只是無有止境的憂愁之鄉罷了。

白凌的憂愁或憂傷是宿命式的、基因性的，但對全球的華人而言此種憂思也是普遍性的，是百年來所有華裔詩人共同的、無可抵悔和逃避的烙印，短暫之際，在大陸徹底民主自由化之前不可能全然擺脫或「洗淨」，只是有人自覺、有人不自覺罷了。白凌做為一個優異的菲華詩人，站在母國文化的邊緣之外，其所遭受的委屈和「黑暗的蠕動」過程必然比兩岸三地的華人更痛徹脊骨，他深切地感知了此共同的憂傷，企望不在「酒製造的海」中求取拯救，遂憤發而成此詩集。筆者有幸先睹此集，有感其詩中隱而待發的知識份子的熱情和良心，與全球華人的運命相繫相連、互為搏動，與眾多迷津於窄格局者自有不同，遂提筆樂為之推介，是為序。

【序之二】

卑微與惶惑：白凌詩中海陸喻象的依違

蕭蕭

一、前言

日制時代的台灣詩人依違在殖民統治的日本文化、先祖渡海所攜來的唐山文化、現實河山所圍繞的台灣文化之間，有著卑微與惶惑：哪裡是台灣的出口？五〇年代的台灣詩人忙著戰鬥戰鬥，以自己不熟悉的共產主義反證自己卑微的存在，一樣在惶惑：哪裡是國家的出口？六〇年代的台灣詩人忙著向自我探尋，向自我挖掘，往個人內心深處企圖發現詩之祕境，同樣有著卑微與惶惑，哪裡會是生命的出口？七〇年代的台灣詩人，扎根鄉土，肯認土地，期許自己，相信台灣；八〇年代以後的台灣新詩人，在新詩工程尚未建構完成時，又迅速學會解構，仍然充滿著卑微與惶惑，哪裡才是人生的出口、新詩可能的出口？

菲律賓華人自有新詩寫作以來，一樣有著離開祖先熟悉的土地不能不有的卑微與惶惑，所以月曲了在問：「憑什麼追認我？」在眾多菲人聚集的異地，少數的華人要如何確立自我？在現實生活中，逐漸熔入菲人生活型態的大鎔爐之後，如何堅持維繫一線傳統文化體系，保留些許自我？

本名葉來城的白凌，一九四三年生於菲律賓，企管系學士，曾任菲律賓辛墾文藝社社長，千島詩社發起人之一，《千島詩刊》主編，亞洲華文作家協會菲律賓分會常務理事，菲華文聯文學顧問，菲華作家協會同仁，菲華文藝協會發起人之一，主編《正友文學》第一輯、第二輯，擔任《菲華文學》編輯等工作，是菲華詩人中詩齡超過四十年的第二代詩人，寫詩四十年之後，二〇〇五年夏季才出版他的第一本詩集，在菲、華文化的新舊糾葛之間、在新舊世紀交替之時、甚至於在往下一代探詢的華、菲文化衝撞之際，他的詩集存留了這種菲華詩人卑微與惶惑的歷史痕跡，因此以《白凌詩集》作為華人在菲律賓皈依陸與皈依海的依違之情，綿長的時間之流裡可以探悉細密的變化，最具意義。

二、卑微的海陸喻象

菲華詩人一直期望在眾「菲」與獨「華」之間辨認「我」的真貌，「我」到底是誰？這裡的「我」不僅是詩人私己的我，更是菲律賓華人的公我。我的面貌、我的心境、我的地位到底為何？這種惟恐失去自我、迷失自我的辛酸，形成菲華詩壇的一大特色。如早期雲鶴的〈野生植物〉就曾坦露：「有葉／卻沒有莖／有莖／卻沒有根／有根／卻沒有泥土／那是一種野生植物／名字叫／遊子」。[一]這首詩前段以「層遞法」逼進，有的野生植物「有葉卻沒有莖」，有的「有莖卻沒有根」，有的「有根卻沒有泥土」，這是海帶、草菇，還是浮萍、苔蘚？藻類還是菌類？同是低等而卑微的植物，根、莖、葉的有無或種類，在這首詩裡其實並不重要，詩人所要強調的是「沒有泥土」的無所依恃，野生野長無人照顧的命運，這是遊子的心聲，華僑的寫照，遊子的辛酸，華僑的無奈！「我」——沒有泥土的野生植物，如何能不卑微，能不惶惑？

雲鶴的〈野生植物〉是沒有「泥土」的植物喻象，失根的花卉。如果有「泥土」情勢會改觀嗎？詩人白凌選擇動物，選擇所有動物中與泥土關係最密切的「蚯蚓」以喻華僑，蚯蚓時時與泥土相近相親，若是華僑與泥土有了繫連，處境是否可以有所改善？結果顯現在白凌詩中，卻是卑微更甚，惶惑加深，白凌之所以選擇「蚯蚓」，只因為蚯蚓形似「龍」而已：

一　雲鶴〈野生植物〉，《菲華新詩選》，福建：福建人民出版社，一九八三年十月，頁三三。張香華主編《玫瑰與坦克》，台北：林白出版社，一九八六年九月，頁一七四。在《玫瑰與坦克》中，「游子」改爲「華僑」，以詩而言，「游子」較佳，以控訴力而言，「華僑」更具力量。結論卻是：游子、華僑都是野生植物，沒有泥土，無人照顧。

〈蚯蚓〉

來自龍的故土
離家已遺忘年代
在時間的泥濘中打滾
唯一的尊嚴是
埋首於黑暗的蠕動
受之父母的體　膚
放任宰割
吞忍是造化的惡作劇
一把鋒利的刀刃
切割日子

蚯蚓　你的別名是華僑

這首詩寫於一九九八年五月，印尼暴力排華時，華人所屬屋宇、商店遭受焚燒、劫掠，華人婦女慘遭姦殺、蹂躪，全球華人憤慨，「龍的故土」的中國政府卻未有任何實質上、道義上的援手。同樣是身居海外的「華僑」白凌，免死狐悲，感同身受，因此以「蚯蚓」為喻，比喻在黑泥暗土中蠕動的華僑，徒有龍的外形卻只能任人宰割，其慘烈更甚野生植物。「蚯蚓」與「龍」，極大的落差！「龍」的騰躍形象，一直是華人社會所喜歡引以為傲的，往往自以為是「龍的傳人」，因而「龍」的虛幻、「龍」的四不像、「龍」的寄望之落空，卻也是華人社會深受打擊依然不知醒悟的喻象。菲華詩人和權就曾以「龍」的假象去寫「蝦」和「蟹」，他說蝦在億萬年前原是「龍」的族類，「在海外困居」之後已沒有龍昂首的雄姿，也沒有龍穿雲的豐采，只能在水族箱裡載浮載沈，繼續蕃衍；而「蟹」來自巨浪打擊的海岸，可左可右，可是遠離水域之後，不論走什麼路線，怎麼橫行，都無生機。

龍，虛幻的龍，華人世界喜歡去想望、去攀附的龍，但在現實生活裡，相對於龍，羈留海外的華人卻只是困居之蝦，不僅沒有龍昂首、穿雲的雄姿、豐采，更彷彿是黑泥暗土中蠕動的蚯蚓，任人切割，一無尊嚴。飛龍在天，蚯蚓在地，如此巨大的落差，是因為移民海外的卑微身分與惶惑心境所造成。類近於和權以「龍」的假象為喻的「蝦」和「蟹」，白凌也有〈蟹與蝦〉一詩，有著比較清醒的認知，但也因為這種清醒的認知，在踉蹌的腳步裡，令人感受到身分認同的悲哀。

〈蟹與蝦〉

蟹橫行著
卻不能一世
蝦成龍狀
卻不能騰躍
不管是爬
不管是趴
只能躺在異鄉的彩盤

已是歲暮
煮一罈紹興酒
心事隨酒香
裊裊昇發
當罈空而腳步
踉蹌
我是蟹
抑或蝦？

〈蟹與蝦〉這首詩寫於一九八八年，早於〈蚯蚓〉十年，〈蟹與蝦〉是對自己身分長期惶惑的省問，「我是蟹抑或蝦？」這樣的問題，答案很清楚，不管是蟹抑或蝦，爬或者趴，都不能橫行一世，不能凌空騰躍（凌，也是白凌），只能躺在異鄉的彩盤，一樣任人宰殺、吞食。十年後的〈蚯蚓〉則是因印尼排華而起的詩興，仍然有著「龍」的虛幻想望，有著生物卑微的喻象（餐盤上、泥土裡），有著隨時被宰殺的恐慌。白凌詩裡的我，現實生活中的華僑，一直卑微、惶惑，不論是陸地上的蚯蚓，還是海洋裡的蟹、蝦。

三、惶惑的海陸依違

依於陸則是蚯蚓，依於海則為蟹、蝦，到底依於陸還是依於海？白凌早在〈異鄉人〉（一九九〇）就已提到「兩種鄉音使我無所適從，彷徨揣測。」「兩種鄉音使我心跳成疾，成為一種心跳不止的絕疾。」在這首散文詩中，白凌認為依於海則「茫茫大海卻找不出乘風破浪的方向」，依於陸則是「北極星是我回歸的指南，多麼遙不可及與模糊的路程」。這時的白凌依違在海陸之間，不知如何選擇。

到了〈王彬街景〉（一九九七），白凌則已看出這種兩難式的抉擇其實也可以是兩種喜愛：「看路邊的水果攤販／擺列兩種不同地域的水果／叫賣著兩種口味／兩種喜愛／兩種鄉愁／看時間把兩種文化攪和／看夢在這裡生根」，仔細體會這首詩的最後，白凌面對兩種鄉愁其實都有著「喜愛」之心，相信時間會把兩種文化攪和，相信夢會在菲律賓生根。與前輩詩人林泉的〈王彬北橋〉相比：「我撐著傘／佇立王彬北橋悵望／時光在前／陰影在後／面對南橋／不知該向南或向北走／向南或向北路上／遍是先祖斑斑的足印」，林泉「不知該向南或向北走」的內心矛盾與掙扎比白凌更為深切，但時日推移之後，第二代詩人的白凌卻比林泉瀟灑，可以欣賞「兩種喜愛，兩種鄉愁」。

但是，真能這樣瀟灑嗎？寫於一九八七年，修飾於二〇〇四年的〈除夕〉，相隔十七年仍然透露著依與違的惶惑：

〈除夕〉

三代
肩膀靠著肩膀靠著肩膀
圍成火爐圍成圓圓的桌面
有的捧碗舉箸
有的刀叉齊下
細嚼一盤又一盤
道道地地的中國菜

吃罷年夜飯
夜已深沈
聽時間過境
等未來走近

驀然
一陣寒風
把祖母蒼蒼的白髮打亂
而我們
猛啃著雙重國籍
牽掛著兩種鄉愁

只有無知的小孩
聒噪著壓歲錢
追問著兩個新年

三代之間，其實逐漸有著不同的消長，「捧碗舉筷」的長者會被一陣寒風打亂蒼蒼白髮，中間一代如白凌者牽掛著兩種鄉愁，刀叉齊下的晚輩卻在追問兩個新年，準備迎向新世紀。可見惶惑的是與白凌年紀相彷彿的中間一代，在〈除夕〉（一九八七）這首詩裡，白凌的下一代的生活方式已經「刀叉齊下」；〈看中菲籃賽〉（一九九一）詩中，中國隊稍佔上風，菲隊忽來一記三分球時，「我不禁發出一聲嘆息／大兒子卻歡呼鼓掌」。為父親忌辰而〈燒紙錢〉（一九九〇）詩中，幼兒忽問：「爸爸／將來你死之後／我還要燒紙錢嗎？」這些詩不僅記述下一代文化歸屬在潛默中移化，令人驚心；暗中，其實也透露出白凌的海陸喻象逐漸在推移，逐漸推向海，移近海。

白凌在〈風聽到　雲聽到〉（一九九三）中承認「我無法迴溯時間的源頭」，所以在風、雲、落日的見證下，「迎向海」，這時，家是遠了，出走的翅膀卻比雲輕快了些，比風涼爽多了！

在這之前，海在白凌詩中的意象是：現實裡的「潮起／波浪掠岸／汐退／卻有一些海水不走／鹹鹹地／留於風中結緣」的〈鹽〉（一九八七），有著鹹鹹的淚的隱喻。或是想像裡，因飲酒而起波浪的海，如〈卡拉OK〉（一九八七）：「酒是漢子的海／波浪興起時／杯子便容納潮汐」；如〈製造一個海〉（一九九二）：「日子是一些潮退的沈寂／搖蕩於肚裡的船／已因海枯而擱淺／製造一個海／飲酒是必然的過程」，這是人生低潮時以飲酒製造顛晃的失意情狀，海，有著顛晃的失意徵象。

但從二〇〇一年之後的兩年間，白凌一連串寫下〈吻浪村〉、〈寂寞〉、〈海誓〉、〈海浪〉、〈看海之一〉、〈看海之二〉、〈海的思念〉等七首詩，都是白凌與海的對話，白凌對海與詩的讚歌，透露著白凌的新心聲：

〈海誓〉

海浪把一首歌
重複吟唱
把歌詞
鑲鑿岩石上

擁有七千個島嶼的千島菲律賓是白凌生活的現實，擁有巴士海峽、南中國海的萬頃南海是白凌日常面對的風景，如果不以眼前的風景鑄造心底的風景，呈現新的詩之風景，做為菲律賓新住民的白凌，又該以什麼裝置自己的時空，擺設自己的舞台？因此，即使海浪的歌單調而又重複，也要重複吟唱，期能把歌詞鑲鑿岩石上。

至於「龍的故土」，就讓留守故土的人去守護，去吟唱。

但是，當白凌轉身矚目海洋時，真能違棄陸土嗎？作為菲華詩人第二代的白凌，新的惶惑卻也在這時悄悄滋生：

〈海的思念〉
聳起的海浪
冥想
山谷深處的回音

山谷深處是故土的深處，那是無法回溯的海的源頭。山谷深處的回音，雖然越來越微弱，卻在海的思念裡不停地迴響！因為，卑微一直是華文新詩的原罪，惶惑即是那不停迴響的裊裊回音。

四、結 語

卑微的原罪，邊緣的惶惑，逼使著菲華詩人、台灣詩人思考自己與子孫的現實處境，思考生命與詩的靈魂之出路，白凌即是其中認真辨識「葉落歸根」或「落地生根」何者才是路徑的詩人。在海陸喻象的依違中，我們雖然看出白凌的為難，但也明確見到海洋召喚的力勁，白凌的傾斜：分割的陸塊要靠相連結的海去連結，殊異的文化要靠溫柔的水去連結。

所以，依於海，迎向海，惶惑就不再是惶惑。

海就是水，水才能使隔絕人心的「牆」隱退。白凌的〈牆〉（一九九五）這首詩為四百年前唐山過台灣的台灣人的祖先作了見證，他們選擇了台灣，容忍異己，共生共榮於台灣這塊土地。或許也會為一百多年前移民菲律賓、五十多年前移民台灣的華人預言：唯有蕩漾心頭的溫柔的水才能沖洗不同的膚色，使膚色剝落；唯有奔向相連結的海才能連結陸塊，使高牆遁隱。

〈牆〉

不同的膚色是人類的牆
分割地圖
殊異的文化是思想的牆
分佈在溫柔的水上
深入心靈的源頭

只有膚色剝落
讓盪漾心頭的水沖走

牆才會遁隱

這是卑微但不惶惑的哲理，值得菲華詩壇、台灣詩壇深思。如果菲華詩壇已有白凌努力以海作為自己思索人生的場域，那麼，被台灣海峽、巴士海峽、太平洋、東海所裹覆的台灣，何時才會向海洋索取詩的資源，確立自己可以卑微但不惶惑的乘風破浪的方向！

海軍來後

三十年前
你自巴士海峽
破開重重的浪柱
刮起一陣熱噴噴的海風
吹上千島

王彬街上
掌聲似連串爆竹響開
年少的我
仰望
仰望你軍帽上閃亮的國徽
遞上紀念冊
讓尊姓大名

還有威武的肖像
拋錨在我洶湧的心海中

你邀我上軍艦
把一包乾癟的鄉愁
用心中的火泡開
再加一些濁重的鄉音
於是
繚繞的茶香
入口更香冽

之後
我目送你登上軍艦
讓馬尼拉灣的落日
隨你遠去
讓留下的灰雲詮釋我的茫然

31　海軍來後

三十年了
拍岸的濤聲已綻放過
千萬朵曇花
我又來到海邊
眺望著
那歸去的軍艦
幾時再來？

後記：五〇年代，中華民國的海軍軍艦來菲宣慰僑胞，僑胞用最純樸赤誠的心來迎接，場面感人，記憶深刻，乃以詩為誌。

一九八五年二月十四日

囚

清晨
重疊的山巒剛剛
掀開披身的綠毯
你卻把窗外的鳥聲
與漫山的青翠
封鎖於室外
讓日光燈描摹太陽
讓冷氣機呼嚷料峭春寒

不管是睜眼
　　或閉眼
都不能打發
站著不去的牆壁
而這裡只有一種時間

一種氣候
風風雨雨只是一場夢囈
潺潺細流的悄悄話
大概是迷途室外吧！
綠色
哦
綠色只是一種買不起的奢侈品

一九八五年五月九日

痴

日落之後
天色不再迷人
都市在彌撒後
睜開星空的眼睛

而我是屹立的堤岸
守著山
守著海
守著暝黑的夜

袒胸
等待妳的溫柔靠岸
懵懵懂懂
傾聽陣陣風聲過境

一九八六年二月十三日

寒夜

單人床上
亟需一毯溫暖的夢披身
寒風無聊
無端端地冷言冷語
自空穴
不管你換了幾種睡姿
躲，也躲不了
而夢　再加兩張被
　　也做不成了

一九八七年二月十三日

碧瑤行

上崑崙道（註）
山巒砌成的山城
霧是幽靈的化身
撒開一張密密打結的天網
等待
一群作繭自縛的蠶
自投羅網

文咸湖沿岸的柳絲
垂懸綿綿情長
木槳划開的浪花
原是五百年前種植的綠
看夕暉意猶未盡

夜色忽然靠岸
裊裊酒香
散成縷縷雲煙
火在胸中
夢在山外

千斛萬盞
酒飲成詩
詩吐成血
血染成一桌擦不掉的深情
夜已醉成酡紅的面孔
煙雲流聚
雲煙聚流
而寒風猶在門外踱蹀不去

附記：二月五日同台、菲詩人洛夫夫婦、白萩夫婦、張香華、張默夫婦、向明夫婦、蕭蕭、管管、辛鬱夫婦、許露麟、連寶猜、月曲了夫婦、陳默、平凡、莊垂明、吳天齊、林泥水、江一涯、文志、珮瓊、小華、浩青、東木星、夏默等聯袂登上碧瑤，尋幽訪勝。當夜煮酒論詩，交談甚歡，忘了時間的飛逝，雖時逾子夜，又加料峭春寒的冷風凍人，卻不忍回房就寢。除了台、菲文藝之交流，更鞏固了彼此的情誼。

註：崑崙道（KENON　ROAD）碧瑤迂迴的山路。

一九八七年二月二十日

聽 溪

山林不知深處
雲霧走入眼睛
似要訴說一些秘密
瀟瀟風雨聲
是傍晚剪不斷的輕歌
冒煙的茶壺
是一把古鎖
鎖住巨龍
鎖住十幾條漢子
直至風雨聲歇止
直至你我相對默然
洪荒峽的溪聲
忽然衝口而出

一瀉成千山萬水

一九八七年六月

比薩斜塔

傍海而坐
喝下黃昏一杯
好酒

「比薩斜塔」斜睨著
我們挺直的飲姿

舉起酒杯
酒氾濫成海
海氾濫成災

我們終於發現
「比薩斜塔」挺直的站姿

一九八七年十一月

拍照

照相機是最現實的
調近焦距
歲月便會忍不住
搶出鏡頭

調遠焦距
年齡的影像
卻迷迷糊糊躲進霧中

一九八七年

鹽

潮起
波浪掠岸
汐退
卻有一些海水不走
鹹鹹地
留於風中結緣

一九八七年

卡拉ＯＫ

桌上擺的空杯子
是怨婦的望遠鏡

時間總在太陽掉落於海
煮成黃湯後

酒是漢子的海
波浪興起時
杯子便容納潮汐

當滑喉的酒精
正在起火
酒釀的歌聲　沙啞地

洩漏梗喉的心事

一九八七年

握手

緊緊握住
握住漏網的一份
緣
歲月似海
隨波流浪半生
卻流不出海的方向

而緊緊握住的倘若握不成堤岸
留不住海浪出走
不如
不如讓她回歸
成為一尾魚吧！

47 握 手

附記：宴會中，看到一對久別重逢的情人緊握的手，卻已不能握回流逝的歲月，已成的世事，徒增惆悵與無奈。

一九八八年三月十日

遲來的舞步

日子已自切不斷的水聲中流過
如今，只有拖妳下水
池　方能還妳魚的自在
今夜　只要妳移動腳步
星　便會忍不住起舞

今夜　只要握住妳的小手
讓我輕輕擁抱
我便能留住時間
給妳一份清新的
遲來的青春

一九八八年三月

長 髮

紮起的長髮是把鎖
鎖住蠟燭留不住的淚
鎖住天上來的黃河水
鎖住舴艋載動的許多愁
卻鎖不住分秒的思念

散落的長髮是石油瀑布
引燃風景跟汽車賽跑
引燃一片飛雲過境
引燃路過的眼睛著火
卻燒不掉分秒的思念

一九八八年八月十一日

蟹與蝦

蟹橫行著
卻不能一世
蝦呈龍狀
卻不能騰躍
不管是爬
不管是趴
只能躺在異鄉的彩盤

已是歲暮
煮一鐔紹興酒
心事隨酒香
裊裊昇發
當鐔空而腳步

51　蟹與蝦

踉蹌

我是蟹
抑或蝦？

一九八八年

雨

海是故鄉
雲是遊客
流浪
只為了一探天空的秘密
累了
就把陰沉沉的心事
化成一顆顆透明的淚珠
流入海的心中

一九八九年三月十七日

一頁血畫的現代史

六月四日
天安門廣場
黑夜很漫長
槍火的閃光
使黑夜更深沉
氾濫的血流
使黎明更遙遠

天安門是歷史的畫廊
坦克車用輾壓的血漿作顏料
橫飛斜射的子彈
而解放軍的刺刀
是一支醮飽血腥的畫筆

中國　中國　中國
您是一個嗜血的畫家
用血畫一朵秋海棠
用血畫一頁現代史

一九八九年六月十八日

異鄉人

從小我就很喜歡海。

或許，因為我生長於千島之國。

隨波逐浪使我有一股遠游的衝動。只是茫茫大海，卻找不出乘風破浪的方向。

稍長，一些忘年的掌故，使我發現海擁有的許許多多秘密：也許，更有靈犀一點。

從此，每一放學，岷里拉灣的堤岸便成了我禪坐的蒲團。

禪坐而不能入定，我心深處是海不靜息的波浪。

土生土長使我懵懂，懵懂使我純樸執著，而世故卻使我長大，且增添了一些淡淡哀愁。

據說：「北極星是我回歸的指南。」多麼遙不可及與模糊的路程。

我凝視著似霧籠罩的彼岸，聆聽潮汐拍岸的訊息，隱隱裡我聞到兩種鄉音，兩種令我難懂又陌生的鄉音。

兩種鄉音使我無所適從，彷徨揣測。
兩種鄉音使我心跳成疾，成為一種心跳不止的絕疾。
看海浪載重千年歲月，卻依然翻騰。
看蒼穹撒落萬丈紅霞，也仍然璀燦。
看歸帆把整個海的疲累栓住碼頭。
看一輪紅日壯烈的海葬。
而這些這些，隨往前推的潮流、流入我的眼睛。
而這些這些，都是我僅僅擁有的。
而我只是流浪天涯的異鄉人。

一九九〇年七月二十日

黃昏

夕陽是一隻荷包蛋
滿天的紅霞是蕃茄醬
把天地夾成三明治

一隻黑色的獸
蹲在堤岸傍
虎視眈眈
口一張
竟把大地
囫圇吞掉

一九九〇年九月十三日

燒紙錢

父親的忌辰
帶著土生土長的幼兒
一邊燒紙錢
一邊講中國的傳統風俗
幼兒忽問：
「爸爸
將來您死之後
我還要燒紙錢嗎？」

一九九〇年十一月

看中菲籃賽

大兒子嗜好籃球
對菲隊球員的熟悉
如數家珍

球來球往
看中國跟菲隊的拉鋸戰
中國稍佔上風
菲隊忽來一記三分球
我不禁發出一聲嘆息
大兒子卻歡呼鼓掌

父子倆一起看球
竟看出兩種心情

一九九一年六月十三日

如浪

牽妳小手　上船
船便忍不住
搖動整條河流

從妳眼神　上船
船卻激動
如浪心事

只有忽來的雲雨
打濕妳我
打濕時空

一九九二年二月二十七日

離情八行

一分情
載不動許多離愁別緒
一揮手
說不出多少思念如縷
如今
看你振翅如一朵飄逸的白雲
遠去
自我眼裡如逐漸風乾的淚痕

一九九二年七月十八日

看星

眼睛在夜空放風箏
電流是一條隱形的線索
切斷
星子便閃閃跌落山谷

一九九二年八月二十七日

製造一個海

日子是一些潮退的沉寂
搖蕩於肚裡的船
已因海枯而擱淺
製造一個海
飲酒是必然的過程
傾飲千杯
波浪萬丈
船又
顛
顛
晃
晃

一九九二年八月

尼蕊・亞奎諾

（BENGNO　AQUINO）

五十一歲
該是頤養天之命的年華
卻鼓起夢的翅膀
跨越時　空
天空是高了些
雲海非常渺茫

你還是回來了
讓一顆躲在黑處的子彈
在純白的衣服上
綻開一朵鮮艷的紅花
讓夢出血

65　尼蕊·亞奎諾

讓血滲透大地

三千多個日子
血已凝結成歷史的瘡疤
凝結成冰冷的碑石

BENIGNO　AQUINO
（NINOY）
NOV.27,1932 to Aug.21, 1983
仰望著
仰望著
我們的眼眶
注滿引火的液體
燃燒
灼痛

註：尼蕊·亞奎諾（BENIGNO　AQUINO）前參議員科莉·亞奎諾總統之先夫，

才華洋溢，被譽為本世紀僅有之天才。原在美國養病，痊癒後，因愛國及崇高之理想，拋妻離子，由美返菲，卻在菲國際機場遭其敵對政客暗殺，菲國朝野震憾，示威、遊行無日不有之，乃於三年後締造了舉世聞名的不流血革命，推翻了暴政，恢復了民主。

一九九二年十一月十九日

麻辣之情

入冬的夜
我們迷失台北街頭
欺人的冷風
把吊在半空的飢渴
驅趕成一群獸
直至霓虹燈眨著眼睛
招手
直至一縷炊煙昇起

進入「李記麻辣」
我們卸下獵人的流浪
守著一堆熊熊的篝火
守著一鍋麻辣的夜色

舀著舀著
我們讓時間鎖著
　讓夜色調情
我們激動的臉
是羞澀的初戀
直至漫天的晚霞
走入眼睛

拾起流浪的腳步
在回家的路上
麻辣染成的夜色
忽然擴大
擴大成為一件
不懼凜風一路追蹤的衣

附記：一九九二年十一月二十二日晚，跟小四、一匡往台北天母中山北路找牛肉麵館子，結果遍找不著，後來看見一家「李記麻辣鴛鴦火鍋」，頗為乾淨幽雅，乃聯袂進該食館。詎料此館之火鍋，辣、麻難擋，冒汗、掉眼淚、流鼻涕三流迸發，且臉色轉紅，滑稽窘態，相覷發噱。後經店東舀減辣油及以凍頂烏龍茶沖淡。重新整筷品嚐後，卻又令人大快朵頤，許為天下美食也。

一九九二年十二月

屈膝的歷史

半世紀前
日軍用中國人的血肉
榨成鋪路的原料
讓一路揮舞的武士刀
劈開一條腥紅的運河
讓痲木的軍靴
把中國土地上
茁長的夢
踏成蜃樓

如今
日本天皇用膏藥日丸
貼在中國雙眼發直的尊嚴

71 屈膝的歷史

教歷史屈膝
讓風乾的血史
編成厚厚的紅氈
讓萬里長城
自天皇胯下爬過

一九九三年二月二十五日

收藏家

大地是歷史的收藏家
一陣大霧
便把它打包
留給時間的手
解開

一九九三年五月二十七日

風聽到　雲聽到

風聽到
雲聽到
落日聽到

趕著向晚的潮水
打碎了沖岸的浪花
如我打亂了的心事
一遍又一遍
我無法迴溯
時間的源頭

風聽到
雲聽到

落日聽到
迎向海
家是遠了
我出走的翅膀
是比雲輕快了些
　比風涼爽多了

風聽到
雲聽到
落日聽到

走入黃昏
暮色涉水而來
拉長了時間的背影
不管風
不管雲
不管落日

一九九三年五月二十八日

思念

思念是一把刀子
時間的磨蝕
卻愈鋒利
假如用它切割日子
即使做夢
也會呼痛
出血

一九九四年六月三十日

吻

一

唇與唇之間的取暖
一條蛇
試探心的深度

二

一觸
心房便失火了

一九九四年八月十八日

牆

不同的膚色是人類的牆
分割地圖
殊異的文化是思想的牆
分佈在溫柔的水上
深入心靈的源頭

只有膚色剝落
讓燙漾心頭的水沖走
牆才會遁隱

一九九五年十一月十六日

跟時間交鋒

跟時間交鋒
一場場的決鬥
我總是打敗仗的人

曾經是條魚
硬著頭皮
頂著迎面刮來的風浪

風浪如刀
刀鋒起處
堅硬如石的頭額
卻留下歲月的傷痕累累

跟時間交鋒
只是一場打不贏的仗

一九九五年十二月二十八日

陀螺 之一

——我是陀螺，你是鞭子

你緊緊的擁抱
是我唯一的依賴
用思念打紮的繩索
是一條遙控的長鞭
即使出走
日子的輪轉
也要你遠遠地
牽引

陀螺之二

束縛了半生
一旦放任自由
便以為
一腳落地
就能夠獨立天下
扭轉地球
直至腳步踉蹌
　脫力倒下
才頹然認命

一九九五年

月蝕

——悼詩人心宇

如果年齡是一朵花
三十二歲
豈非
正盛放美麗

那年
妳走進山林深處
訪月
把瀉落的月光
釀成一罈做夢的酒
閒來

83 月蝕

淺酌也罷
狂飲也罷
酒意是免不了的
醉了
也是星子的事

黃昏
妳又上山了
一邊趕路
一邊飲酒
足下踉蹌是免不了的
看妳毫無反顧的腳步
看妳逐漸縮小的背影
看妳在風裡走失

今夜
炊煙已斷

星已滅
月已蝕
只有
只有心靈的天窗打開
等待
等待那久久
「久久不歸的晚風」（註）
回歸

註：詩人心宇〈記月〉詩句
後記：詩人心宇，不幸於一九九五年十月三十日下午四時半在其牙醫室，慘遭歹
徒刺斃，得年三十二歲。

一九九六年二月二十二日

失火的天空

——悼平凡

黃昏
馬尼拉灣的天空失火了
岸上
網球場的比賽持續著
突然
一顆球越界而去
隨著火滅的剎那
栽進黑暗

一九九六年十一月十八日

陀螺之三

縱然　只有一腳落地
也要　獨立天下
用僅存的日子
把地球打轉
讓每個迴旋
都是詩的舞步
讓每個迴旋
都與時間對抗

附記：十歲神童周大觀不幸罹患癌症，雖鋸斷一腿，生命韌力依舊旺盛，不向命運低頭，病中得詩數十首，其才華及鬥志令人心折欽佩，也令人心疼不忍。

一九九七年五月二十日

上山

——探平凡

想把山門打開
風起　煙飛
　砂走　葉落
跟蹌的腳步
踏缺一口湧泉的井

附記：辛壑同仁上山探平凡墓園，世事無常，往事如煙，令人唏噓悲傷。

注腳：那一口湧泉的井水，已把山門打開，二百七十二天呀！日子都跛了腳，我們一路跟蹌著上山，山上風再大，可以吹乾濕透的心頭嗎？化蝶飛去，也要有千年的盟約，揚起的黃砂，可以把你的溫柔與戲謔覆蓋嗎？落葉可以把你的諾言捲走嗎？果真有三生石我們的邂逅是幾千年前已寫下的故事？

（小四）

一九九七年六月十二日

車中風大

以時速六十公里閱讀悼文
每一行的鉛字
忽然狂飆而起
成為尖銳的風砂
刺傷眼睛

後記：文友車中閱讀悼念平凡的文章，悽然淚下。

一九九七年九月十四日

王彬街景

歷史站在街頭
一座銅像聳起
眺望著中國城

看老華人把黃昏
閒蕩於南北橋頭
看馬蹄踏踏地踢起
滿街撒下的心事
看蟹行的方塊字
掛成一幅風景

看路邊的水果攤販
擺列兩種不同地域的水果

叫賣著兩種口味
　兩種喜愛
　兩種鄉愁
看時間把兩種文化攪和
看夢在這裡生根

一九九七年九月十八日

印石

給你一塊溫潤的石頭
要你執著如它的硬朗
所有的承諾
就以血的殷紅
溫柔地
鐫成今生
　不變的誓言

一九九八年五月八日

印泥

許下諾言前
總要深吻妳
讓妳的唇紅
烙成我一生
不悔的誓言

一九九八年五月八日

蚯蚓

來自龍的故土
離家已遺忘年代
在時間的泥濘中打滾
唯一的尊嚴是
　埋首於黑暗的蠕動
受之父母的體　膚
　放任宰割
吞忍是造化的惡作劇
一把鋒利的刀刃
　切割日子
蚯蚓　你的別名是華僑

附記：一九九八年五月，印尼華僑、華裔、華婦遭受印尼暴徒縱火焚屋、搶掠、姦殺之獸行，滅絕人性，慘絕人寰，震撼全球。凡有良知之人，莫不咬牙切齒，憤恨悲痛。唯有偉大的中國政府，雖國富兵強，卻無動於衷，令炎黃子孫的印尼華裔求救無門，任人宰割，備嚐人間酷刑，家破人亡，造成人間無數煉獄與悲劇。

一九九八年八月十七日

足 球

——悼故汪文偉先生

足球場上
青青的小草
是長不大的歲月
盤在腳下的皮球
是一顆轉動的地球
而越空的皮球
只要用頭頂住
不管多少風風雨雨
都在地球之外

附記：故汪文偉先生一生酷愛足球，對足運的推動，對足球的熱衷與執著，至死不渝，逝世的前一天，猶率隊在聖大足球場參加比賽，雖感不適，亦漠然視之。余年輕時嗜好足球，隸屬故汪文偉先生執教之青獅體育聯誼會，其對球員之要求與教法之嚴峻，創下了七連全菲足球公開錦標賽冠軍空前的紀錄，在青獅的會史中，寫下了璀燦的一頁。

中西頌

是誰
在海外
在千島之國的菲律濱
撒下了第一顆
來自龍的故土的種籽
讓春風吹拂
海外炎黃子孫的心靈
讓鄉音遠播
讓中華文化流傳

自地平線上崛起
時間的風雨
侵蝕歲月

卻阻擋不了樹的成長
春去秋來
秋雨化成一季的豐收
書香的芬芳
瀰漫了異鄉的一隅

有多少執著
便有多少收穫
一個世紀的腳印
走出了多少風雲人物
經過了多少悲歡離合
跨越了多少時序迭嬗

中西　中西
只要歷史的齒輪不斷
只要中華的氣息尚存
您的腳步將邁向

迎面而來的
無數的新紀元

附註：中西學院建校百年紀念。

一九九九年四月九日

雨中行

撐一把傘
便能頂住
　滿天的風風雨雨
倘若加上妳的依偎
即使世界小到只有
　傘的弧度
風雨再大
　也很溫暖

二〇〇〇年十一月十七日

壓歲錢

小時候
壓歲錢
是童年的笑靨
拉拔著人生的成長

年紀大了
壓歲錢
卻是風浪的聲音
衝擊著時序的關卡

二〇〇一年元月十五日

剪一段心情

攪動一杯濃濃的心事
嚐一下苦澀
加兩小匙砂糖
在黑色的游渦裡
剪一段心情

二〇〇一年四月二十日

桂林

——桂林山水甲天下

用夢塑造
用眼睛盛放霧水
漓江是女人的美麗與溫柔
沿岸挺起的
巒
峰
卻是女人魅力所在

二〇〇一年六月三十日

吻浪村

打開窗檽
眼睛便飛向大海
打開心扉
繆斯卻跑去擁抱浪濤
把朵朵浪花
吻成一首詩

註：「吻浪村」是詩人平凡海邊的故居。

二〇〇一年八月二十四

寂寞

海浪講話的聲音很大
我靜靜聆聽
突然
海浪不再說話
只剩下我跟大海
對看

二〇〇一年十月二十六日

看海
之一

靜坐看海
海浪講話的聲音很大
喋喋不休
突然
嘩啦一聲
口水直噴過來

看海之二

看浪花開了又謝
　　謝了又開
看時間吐血
染紅了海的眼睛

二〇〇二年七月四日

海誓

海浪把一首歌
重複吟唱
把歌詞
鑲鑿岩石上

二〇〇二年七月二十五日

海浪

海浪不斷地
衝擊岩岸
只為了
洗滌岸上的垢污

二〇〇二年七月二十五日

從木屐開始的一段神話

獻給誼父——潘新亨先生

以木屐原始的腳步
醞釀一個夢想
緩慢地
走出一片平原

抓住時代的風向球
製造
扣緊人類尊嚴的鈕扣
讓溫暖包裹胴體

編織生活的網罟
網住山

網住海
網住人生最起碼的欲望

走進心靈的世界
上帝是唯一的導引
基督的愛是傍晚的薰風
是久旱的甘霖

遵奉聖靈的旨意
走過一世紀
路雖崎嶇
卻是永恆

附註：誼父於二十世紀二十年代從事木屐生意買賣，五十年代從事鈕扣製造業，至七十年代改行塑膠、網罟製造業。稿於誼父百齡晉一華誕。

二〇〇二年十月五日

海的思念

聳起的海浪
冥想
山谷深處的回音

二〇〇二年十月二十六日

理髮聯想

下雪了　雪如風
風如刃　惹起塵埃
嗖嗖嗖
一把剪刀
把參差的心事
三千牽掛　攏平

在這不是下雪的季節小憩
一下子就打起呼來
在這不應該做夢的地方織夢
醒來
遺留下滿地的雪花蒼蒼
還有

渾身的
　爽

二〇〇三年七月十日

頭髮相思

用時間給頭髮餵養
頭髮就長了
用憂鬱給頭髮餵養
頭髮變白了
假如用頭髮來相思
三千溫柔
便會糾結成為
一生一世的纏綿

二〇〇三年七月十二日

送別七行

——贈羅致遠大使

這一別
咫尺變天涯

星空下有一條隱形的絲線
牽引著你　牽引著我
當夜色摀住聲音的嘴巴
思念卻翻騰成浪濤
把我淹沒

二〇〇三年九月八日

除夕

三代
肩膀靠著肩膀靠著肩膀
圍成火爐圍成圓圓的桌面
有的捧碗舉筷
有的刀叉齊下
細嚼一盤又一盤
道道地地的中國菜

吃罷年夜飯
夜已深沉
聽時間過境
等未來走近

驀然
一陣寒風
把祖母蒼蒼的白髮打亂
而我們
猛啃著雙重國籍
牽掛著兩種鄉愁

只有無知的小孩
聒噪著壓歲錢
追問著兩個新年

一九八七年二月十二日
二〇〇四年六月二十九日修飾

附錄一

英　　譯

RAIN

Poem by：Pai Ling
Translated By：Kathleen S.　Ysp

Home is the sea
Cloud is the visitor
Wandering
Seeking the secret of the sky
Tirely
And let the heaviness of your heart
Transformed into drops of pearly tears
And flow back into chasm of the sea

雨

海是故鄉
雲是遊客
流浪
只為了一探天空的秘密
累了
就把陰沉沉的心事
化成一顆顆透明的淚珠
流入海的心中

尼蕊・亞奎諾

（BENGNO　AQUINO）
五十一歲
該是頤養天之命的年華
卻鼓起夢的翅膀
跨越時　空
天空是高了些
雲海非常渺茫

你還是回來了
讓一顆躲在黑處的子彈
在純白的衣服上
綻開一朵鮮艷的紅花
讓夢出血
讓血滲透大地

三千多個日子
血已凝結成歷史的瘡疤
凝結成冰冷的碑石

BENIGNO（NINOY）S. AQUINO

Poem by：Pai Ling
Translated By：Susie L.　Tan

Fifty and one
An age to cherish heaven s edcree
Yet you spread your wings of dreams
Transcending time and space
The sky is a trifle too high
Too hazy the sea of clouds

Still you came home
let one bullet hidden in the dark,
Burst forth into a bright scarlet flower
On your snowy shirt
And dreams bled
blood soaking the earth

It s been three thousand and more days
The blood clot has become a scar in history
Crystallized into as icy tombstone

BENIGNO AQUINO
（NINOY）
NOV.27,1932 to Aug.21, 1983
仰望著
仰望著
我們的眼眶
注滿引火的液體
燃燒
灼痛

註：尼慈·亞奎諾（BENIGNO　AQUINO）前參議員科莉·亞奎諾總統之先夫，才華洋溢，被譽為本世紀僅有之天才。原在美國養病，痊癒後，因愛國及崇高之理想，拋妻離子，由美返菲，卻在菲國際機場遭其敵對政客暗殺，菲國朝野震憾，示威、遊行無日不有之，乃於三年後締造了舉世聞名的不流血革命，推翻了暴政，恢復了民主。

125　BENIGNO（NINOY）S.AQUINO

BENIGNO S.AQUINO（NINOY）

NOV.27,1932 - Aug.21, 1983

Looking up
Looking up high
Our eyes
Filled with inflammable liquid
Burning
Hurting

附錄二

如浪

牽妳小手　上船
船便忍不住　搖動
整條河流

從妳往神　上船
船卻忍不住　激動
如浪心事

只有忽來的雲雨
打濕妳我
打濕時空

127 如浪

釋義

鄭明俐

白凌，本名葉來城，菲律濱華僑詩人。白凌和月曲了相似，一方面經營企上，另一方面活躍於菲華文壇，這種情形和國內文藝界人士夕半從事教育文化工作、傳播事業甚至專業寫作的情況大相逕庭。大致上，華僑詩人多半在事業奮鬥有成之後才能在詩藝上大展長才，所以中年左右才邁向創作的高峰期。

『如浪』這首抒情詩採取「虛實互補」的手法來寫愛情。「虛」是指心靈、情緒等抽象的感覺，「實」是指現實中可摸可觸的事物；「虛」是心理的現象，「實」是物理的現象。在詩的創作中，從心理通向物理，是以情志化育天地，借物理暗喻心理，則是以物寄情、以物明志。

從這個島度來看『如浪』這首小詩，就可發現船和浪這兩個意象都是「虛」和「實」兩個側面，獨有其中一項就不成為詩，只有兩者互相搭配，才能展現虛與實互相映襯的內涵。

船搖動河流，從眼瞳中踏上船面，都是清新可喜的比擬：「忽來的雲雨」寫出戀人間的不安，也是神來之筆。

最後兩句「打濕妳我，打濕時空」，尤其將浪潮般的心情發揮得淋漓盡致。整體而言，『如浪』是一篇結構完整的抒情小品。

附錄三

詩的小語

張香華，柏楊身邊美麗多情勇敢（她如何勇敢，容後專文細説。）的小婦人，菲華文藝界鍾愛的「女兒」，來過菲律濱四次，以她的美，她的甜，她的才華，她的誠懇，她的純厚，她的真摯，征服了菲華文藝界，她自稱到菲律濱就像回娘家一般，對菲律濱有一份難以言喻的深厚感情，不能只説是一份「緣」，她對菲華文友的愛護鼓勵，不是一般的空泛敷衍，而是付諸行動，先後為我們出版了詩集——「玫瑰與坦克」以及菲華女作者選集——「茉莉花串」。這份誠懇，令人感動。

最近，她又在警察廣播電台主持了一個別緻清新的節目——「詩的小語」。每個星期天晚上，香華專題介紹一位詩人及他的作品，明月清風，夜空寂寂，香華無比清朗溫婉的聲音與千萬聽眾，一塊談詩，一塊聽詩，一塊進入人生的另一個有情天地，窨渡一個沒有噪音的感性週日。

這一期，她介紹的是菲華詩人白凌的詩，香華如何讀白凌的詩呢？請聽——

諸位聽眾，您好，我是張香華，今天晚上「詩的小語」這個節目，我要告訴您一個消息，我剛剛接到菲律濱馬尼拉我們華人寫詩的朋友白凌的來信，他告訴我說：自從我在這個節目裡面播出了各地詩人的作品，也包括了在馬尼拉的華人詩人的作品，他們覺得非常興奮，有的接到了這卷錄音帶，大家聚在一起聽聽彼此的聲音，有的甚至於把我在這個節目裡報告他們的詩，介紹他們的作品的，用文字記錄下來，登在當地的華文報紙上。聽到這樣的消息；我想，感動的應該是我才是，因為我知道，在海外要維持華文的蓬勃和創作力，是件很不容易的事，而這些詩人朋友們這樣堅持用華文來寫詩，這樣的鍾情，實在是非常難得的一件事。

我以前在文字上或者在我介紹馬尼拉的華人詩人的時候，也提過了在馬尼拉有一群朋友，不但自己掏腰包，而且也自己花時間編詩刊，在報刊定期有現代詩的刊出，不但登他們本地的作品，同時也包括中國大陸、台灣以及世界海外各地華人的作品，所以說，在馬尼拉的聯合日報（我說的這個聯合日報不是台灣的聯合報，是當地華人辦的報紙。）他們提供這麼大的園地來給華人。（不但當地華人，而是全世界華人）來發表他們的詩，這是多麼開闊的胸襟。

今天晚上，我特別要感謝這位告訴我的也是詩人的，他的名字叫白凌的朋友，白是白色的白，凌是凌雲壯志的凌。

白凌的詩齡是非常長的，但他下筆卻非常謹慎，到現在他還是不輕易動筆，可是一動筆，往往有非常玲瓏精緻，可愛的作品，我看到他最近寫的詩，覺得跟以前的有點距離，現在，讓我先讀他的詩，跟你一塊兒分享，有一首詩，題目非常的別緻，他說：「我是陀螺，你是鞭子」，看到這個題目，就知道這是一首把自己的心情寄托在詩裡面的詠物詩，也就是假借外在的事物來說明他內在的心境感情。「陀螺」這首詩，他是這樣講的，有兩小段：

（一）
你緊緊的擁包
是我唯一的依賴
用思念打紮的繩索
是一條遙控的長鞭
即使出走
日子的輪轉
也要你遠遠
牽引

（二）
束縛了半生

一旦放任自由
便以為
一腳落地
就能夠獨立天下
扭轉地球
直到腳步踉蹌
　脫力倒下
才頹然認命

這首「陀螺」就到這兒結束，聽眾朋友，你小時候有沒有玩過陀螺呢？好像現在的小孩都不太玩陀螺了，在我小時候，我倒是常常看到，大部份是男孩子在玩陀螺，好像摔陀螺下去還需要一點手臂的力量呢！嘗試過好幾次，總是打不好陀螺，很懊惱的。

現在，我們來看看一位已經進入中年，在海外的馬尼拉的一位華人詩人——白凌，用陀螺來寄託出什麼心聲。陀螺本來是一種小孩的玩具，可是他卻在這首詩裡面寄託了深情蜜意，他說——

你緊緊的擁抱

是我唯一的依賴

打過陀螺的人，一定都記得，要用一根繩子在陀螺上繞，繞好多好多圈，而且要繞得很緊，這樣子打出去，陀螺才轉得有力氣，現在他把繞繩子這個動作，比喻成一種緊緊的擁抱，而你這擁抱——

是我唯一的依賴
用思念打紮的繩索
是一條遙控的長鞭

可不是嗎？我覺得詠物詩一定要描寫的時候非常的貼切，在這個貼切當中必須寄托一份情感，這詠物詩才不會如同對著風景拍照，而且拍得毫無詩情畫意，完全寫實了。因為，如果你用文字來描敘一件事情，卻不能夠描述得賦予生命的話，那是不是我們乾脆就直接來玩陀螺就好了呢？所以白凌在這首詩裡頭，他實是另有深音，因此，在最後這幾句話，他說——

即使出走

日子的輪轉　也要你
遠遠地牽引

我不知道，這個「你」指的是誰，也許是你自己，也許是我，不一定是白凌心目中某一個特定的人，他只是借這首詩，把你我之間這種緊密的關係宣訴出來罷了！我不知道這樣解釋，是否合乎白凌的心意，但我是這樣子體會的。

在第二小段裡，他說：

束縛了半生，一旦
放任自由
便以為一腳落地
就能夠　獨立天下

陀螺有它自己需要解脫的衝動，所以一旦放任自由，它便以為真能夠獨立天下，扭轉地球了，直到腳步踉蹌，「踉蹌」這個辭，就是說走得顛顛倒倒的，腳步很不平穩的意思。

這個陀螺它縱然曾經在地上旋轉得非常美的樣子，好像真能金雞獨立，只要靠陀螺下面的一根針，它就能夠站得很好，打轉打個不停，可是陀螺最後的命運可不是這樣的，最後是：脫力倒下，才頹然認命。

這樣一首短短的詩，可說是白凌的獨具匠心，他已經把人間一些「暫時看起來似乎是非常得意的樣子，可是很快這種得意便如過眼雲煙會結束的」這種真象，借著陀螺這首詩，透露給我們了。

聽眾朋友，您聽了「陀螺」這首詩，是不是帶給您兒時的回憶，讓你想起你也曾經打過陀螺，或者有一些啓示，您打陀螺的時候，您是怎麼樣想的呢？

＊　＊　＊

白凌這些時候，好像特別喜歡寫短詩，我曾經讀過白凌相當長的作品，可是最近他寄給我的都是往精緻的短短的詩，似乎他在嘗試另外一個極端的寫詩方式吧？這首詩也非常短，讓我讀給您聽。叫做「看星」，看天上的星星。

眼睛在夜空放風箏
電流是一條無形的線索
切斷　星子便閃閃跌落山谷

這首詩非常的短，可是把我們看星時候的那個感覺說出來了，尤其是第一個句子我很喜歡，他說「眼睛在夜空中放風箏」，我們只看過黃昏的時候放風箏，尤其是住在台北的人。在國父紀念館前的廣場，或者在學校的（比如台大）的校園，常常有一家人帶著孩子放風箏，可是，以我自己來說，很多年前，我在國外，舊金山的漁人碼頭，看到一個很漂亮的風箏，帶回來之後，我一直沒有機會去放，現在還擺在我家的倉庫裡頭，因為我覺得我一個人自己跑到那兒去放風箏，好像有點超齡了。恐怕要等到適當機會，很特別的場合，才來實現風箏這個兒時的回憶吧！

現在呢，白凌這位詩人，他己倒不見得真的去放風箏，但是眼睛可以在夜空放風箏，隨意瀏覽。這便是一種眼睛放風箏的感覺。那麼，那箏呢，一定要有一根線囉，他說：「電流是一條無形的線索」，整個宇宙裡面，好像有許多不同的電流，而我們的眼睛又何當不是一條電流呢？我們的眼睛掃來掃去的——

> 切斷　星子便閃閃跌落山谷

最後的一句，好像忽然之間「看星星或者眼睛在夜空放風箏」的這種心境，在忽然間扭轉了，好像一個什麼源頭的東西被切斷了，星便閃閃地掉了下來。

晚上看天空的時候，除了看到天空閃爍的星星之外，也很容易看到流星，不過，我想現在聽到我的聲音的人，當然是在市內，甚至是坐在車子內，也許本身就是開車的人，或者，是位駕駛的朋友，您們可千萬別抬頭看星星噢！因為我自己有一認這樣的經驗。有一次，車子開到一個很偏遠的市區之外，很難得地看到了星星，就這麼二秒鐘之間，因為貪看一顆閃亮的星星，結果車子就撞壞了，整個車軸都不能維持平衡，就這樣的一次意外，讓我以後都很小心地駕駛，特別的謹慎，不敢再輕易看星星了。現在，還是讓我說給你聽吧！

白凌這首詩，他說「星子便閃閃跌落山谷」，就這麼短短的幾個句子，前面一行說——

眼睛在夜空放風箏

——

心情是很逍遙的，可是後面一個結束，卻馬上給了我們一個驚愓——

星子便閃閃跌落山谷

我不是很能夠，沒有把握抓到這短短的一首詩裡面每個句子到底要述說什麼，但我感染到了：在一剎那之間，那種心情的轉化，那種外界的變動，我們人生就是這個樣子的。好像剛才說我開車，本來是很開心的，我抬頭想要看星星，卻發生了一個意外，還好這只是個小小的意外，好像人生不能有片刻的疏忽，您說是不是這樣的呢？

＊＊＊

寫詩的人往往非常天真，非常的真摯，我記得有一年，白凌往馬尼拉來台灣，我們見了面，我們見面下來，都是不說一些客套話的，他就遞上了一首他當時的小詩給我看，我想，芸芸眾生，像這樣的人還不是很多呢！很多人見了面，大都要寒喧，要恭維，講一些世俗的客套話，可是詩人與詩人在一起，往往就直來直去的，大概，當時他那首小詩剛剛完成，所以我記得往清楚，他跟我要紙，可是我一時又找不到紙，就把我皮包裡朋友們的電話記事簿交給了他，他當時就把這首小詩寫在我的記事本裡，然後讓我先看，看完後他問我的感覺，這首詩是這樣子的，讓我讀給您聽——如浪（好像浪花一樣）

牽你小手　上船
船　便忍不住
搖動整條河流
從你眼神　上船
船　卻激動
如浪心事
只有忽來的雲雨

打濕你我
打濕時空

當時我看了這首詩，我覺得好美呀，一個中年人還有這樣的心境！我很想問他：白凌，你是如何維持這份赤子之心的呢？

常常有許多上了年紀的人，也可以這樣說，中國人很喜歡標榜少年老成，當然這句話有時很正面，就是肯定一個人很穩重，但是如果時常這樣標榜自己很老成、老大，那麼，恐怕就會失去很多很美麗，很青春，很煥發的精神了。

白凌這一首詩裡頭，讓我們感到，一個中年人還有這麼浪漫，這麼真摯的感情，所以，這一首詩我特別的珍惜，他說——

牽你小手　上船
船便忍不住搖動整條河流

——

這條船好敏感噢！一隻小手，便讓他的整個心情激盪，不但是船激動，而且是整條河流都動盪了，那麼——

從你眼神　上船

船　卻忍不住激動
如浪　心事

不但是河流在動，整個浪都在那裡起伏了，雖然，在這首長詩的最後一段裡頭，彷彿很朦朧，他說——

有忽來的雲雨
打濕　你我
打濕　時空

——

那麼，讓這一種非常激越的情感，最後以這種含蓄而有距離的感覺來作為結束，不是也很美嗎？

這首詩，我讀到的是抒情的意思，我不知道白凌同意不同意我這樣一個解釋的方法，只是，我很想藉這個機會，告訴你說：白凌，如果可能，你真要告訴每一個人，如何去保持一顆青春的心，好不好。

聽眾朋友，今天晚上我們「詩的小語」，這段時間很快的就要結速了，這一個晚上，讓我介紹的住在馬尼拉的華人朋友，他的名字叫白凌的這位白凌詩人，他短短的詩篇填滿了我們一個很溫馨的夜晚，祝您晚安。

附錄四

牆

葉來城 詞
鄭幼瑜 曲

不同的膚色是 人類的牆
不同的膚色是 人類的牆
分割地 圖
殊異的文化 是 思想的牆
分佈 在溫 柔 的 水 上
深入心靈的源 頭 啊
只有膚 色 剝 落
只有膚 色 剝 落 讓盪漾心頭的水沖
走 牆才會遁 隱

附錄五

白凌兄：

謝謝您的賀年卡，暨聯合日報的千島詩刊。這個詩刊編得很好，我逐篇都讀了，內容也很紮實。您那首「看星」我很喜欢。星子是因我而存在的，只要我的電流切斷，不再流向對方，「星子便閃閃跌落山谷」了。您是不是這個意思？我是以這個方式讀懂它的。月曲了的三首詩我也很喜欢。如果他不是一位資深的詩人，他的前途將無可限量，他的詩有思想，有感性。感性知性都能包容是現代詩的基本要求，他已經把握到了。請替我問候他。

瑩子、世旭、您和我四人的照片很有趣。什麼時候再來台北？來時，請一定告訴我。祝

新的一年事事如意。

梅新

舊历年初二日晨